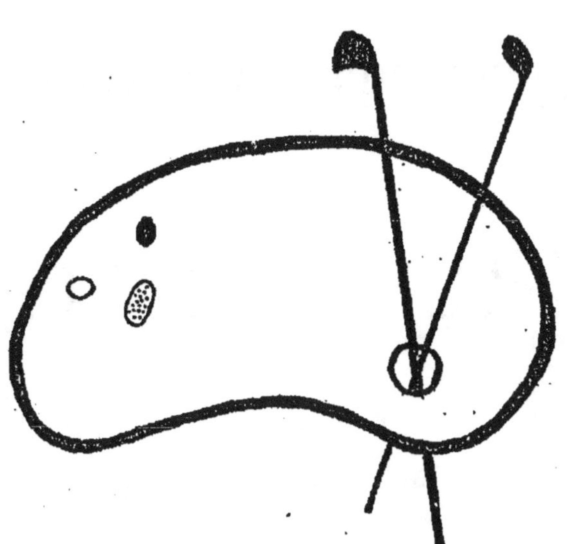

DEBUT D'UNE SERIE DE DOCUMENTS
EN COULEUR

L'AUTORITÉ HUMAINE

DES

LIVRES SAINTS

PAR LE

P. Lucien MÉCHINEAU, S. J.

PARIS

LIBRAIRIE BLOUD ET BARRAL

4, RUE MADAME ET RUE DE RENNES, 59

1900

SCIENCE ET RELIGION

Études pour le temps présent. — Prix : 0 fr. 60 le vol.

— **Certitudes scientifiques et certitudes philosophiques**, par le R. P. DE LA BARRE, S. J., prof. à l'Institut catholique de Paris. 1 vol.
— *Du même auteur :* **L'Ordre de la nature et le Miracle.** 1 vol.
— **L'Ame de l'homme**, par J. GUIBERT, supérieur du séminaire de l'Institut catholique de Paris. 1 vol.
— **Faut-il une religion ?** par l'abbé GUYOT. 1 vol.
— *Du même auteur :* **Pourquoi y a-t-il des hommes qui ne professent aucune religion ?** 1 vol.
— **Nécessité scientifique de l'existence de Dieu**, par P. COURBET. 1 vol.
— *Du même auteur :* **Jésus-Christ est Dieu.** 1 vol.
    id. **Convenance scientifique de l'Incarnation.** 1 vol.
— **Etudes sur la pluralité des mondes habités et le dogme de l'Incarnation**, par le R. P. ORTOLAN
  I. — *L'Epanouissement de la vie organique à travers les plaines de l'infini.* 1 vol.
  II. — *Soleils et terres célestes.* 1 vol.
  III. — *Les Humanités astrales et l'Incarnation.* 1 vol.
— *Du même auteur :* **La Fausse Science contemporaine et les Mystères d'Outre-tombe.** 1 vol.
    id. **Vie et Matière ou Matérialisme et spiritualisme en présence de la Cristallogénie.** 1 vol.
    id. **Matérialistes et Musiciens.** 1 vol.
— **L'Au delà ou la Vie future d'après la foi et la science**, par l'abbé J. LAXENAIRE. 1 vol.
— **Le Mystère de l'Eucharistie. — Aperçu scientifique**, par l'abbé CONSTANT. 1 vol.
— *Du même auteur :* **Le Mal**, sa nature, son origine, sa réparation. 1 vol.
— **L'Eglise catholique et les Protestants**, par G. RONAIN. 1 vol.
— *Du même auteur :* **L'Inquisition**, son rôle religieux, politique et social. 1 vol.
— **Mahomet et son œuvre**, par I. L. GONDAL, professeur d'apologétique et d'histoire au séminaire Saint-Sulpice. 1 vol.
— *Du même auteur :* **L'Eglise Russe.** 1 vol.
— **Christianisme et Bouddhisme** (*Etudes orientales*), par l'abbé THOMAS, vicaire général de Verdun. 2 vol.
— *Du même auteur :* **Dieu auteur de la vie.** 1 vol.
    id. **La Fin du monde d'après la Foi.** 1 vol.
— **Où en est l'hypnotisme**, son histoire, sa nature et ses dangers, par A. JEANNIARD DU DOT, auteur du *Spiritisme dévoilé*. 1 vol.
— *Du même auteur :* **Où en est le Spiritisme.** 1 vol.
    id. **L'Hypnotisme et la science catholique.** 1 vol.
    id. **L'Hypnotisme transcendant en face de la philosophie chrétienne.** 1 vol.

— **L'Apologétique historique au XIX**e **siècle. La Critique irréligieuse de Renan**, etc., par l'abbé Ch. Denis.   1 vol.

— **Nature et Histoire de la liberté de conscience**, par l'abbé Canet.   1 vol.

— **L'Animal raisonnable et l'Animal tout court**, par C. de Kirwan.   1 vol.

— **La Conception catholique de l'Enfer**, par l'abbé Brémond. 1 vol.

— **L'Attitude du catholique devant la Science**, par G. Fonsegrive.   1 vol.

— *Du même auteur :* **Le Catholicisme et la Religion de l'Esprit.**   1 vol.

— **Du Doute à la Foi**, par le R. P. Tournebize, S. J.   1 vol.

— *Du même auteur :* **Opinions du jour sur les peines d'outre-tombe.**   1 vol.

— **La Synagogue moderne, sa doctrine et son culte**, par A. F. Saubin.   1 vol.

— *Du même auteur :* **Le Talmud et la Synagogue moderne.** 1 vol.

— **Evolution et Immutabilité de la doctrine religieuse dans l'Eglise**, par M. Prunier, supérieur de grand séminaire.   1 vol.

— **La Religion spirite, son dogme, sa morale et ses pratiques.** par I. Bertrand.   1 vol.

— *Du même auteur :* **L'Occultisme ancien et moderne.**   1 vol.

— **L'Hypnotisme franc et l'Hypnotisme vrai**, par le Docteur Hélot.   1 vol.

— **L'Eglise et le Travail manuel**, par l'abbé Sabatier.   1 vol.

— **Unité de l'espèce humaine**, *prouvée par la similarité des conceptions et des créations de l'homme*, p. le marquis de Nadaillac.   1 vol

— *Du même auteur :* **L'Homme et le Singe.**   2 vol.

— **Le Socialisme contemporain et la Propriété**, par M. G. Ardant.   1 vol.

— **Pourquoi le Roman à la mode est-il immoral et pourquoi le Roman moral n'est-il pas à la mode ?** p. G. d'Azambuja.   1 vol.

— **Comment se sont formés les Evangiles ?** par le P. Th. Calmes, professeur au grand séminaire de Rouen.   1 vol.

Viennent de paraître :

— **L'Impôt et les Théologiens**, *Etude philosophique, morale et économique*, par le comte de Vorges, ancien ministre plénipotentiaire, membre de l'Académie de Saint-Thomas, etc., etc.   1 vol.

— *Du même auteur :* **Les Ressorts de la Volonté et le libre arbitre.**   1 vol.

— **Nécessité mathémathique de l'existence de Dieu.** *Explications. — Opinions, Démonstrations*, par René de Cléré.   1 vol.

— **Saint Thomas et la Question juive**, par Simon Deploige, professeur de l'Université Catholique de Louvain.   1 vol.

— **Premiers principes de Sociologie Catholique**, par l'abbé Naudet.   1 vol.

— **La Patrie.** — *Aperçu philosophique et historique*, par J. M. Villefranche.   1 vol.

— **Le Déluge de Noé et les races Prédiluviennes**, par C. de Kirwan.   2 vol.

— **La Saint-Barthélemy**, par Henri Hello.   1 vol.

— **L'Esprit et la Chair.** *Philosophie des macérations*, par Henri Lasserre, auteur de *Notre-Dame de Lourdes*, etc., etc.   1 vol.

— Le **Problème Apologétique**, par l'abbé C. MANO, docteur en philosophie. 1 vol.

— Le **Levier d'Archimède** ou la **Mécanique céleste** et le **Celeste mécanicien**, p. le R. P. ORTOLAN. 2 vol.

— **Ce que le Christianisme a fait pour la femme**, par G. d'AZAMBUJA. 1 vol.

— **L'Hypnotisme et la Stigmatisation**, par le Dr IMBERT-GOURBEYRE. 1 vol.

— **L'Education chrétienne de la Démocratie**, *essai d'apologétique sociale*, par CH. CALIPPE. 1 vol.

— **La Religion catholique peut-elle être une science ?** par l'abbé G. FRÉMONT. 1 vol.

— *Du même auteur :* **Que l'Orgueil de l'Esprit est le grand écueil de la Foi**, *Théodore Jouffroy, Lamennais, Ernest Renan.* 1 vol.

— **La Révélation devant la Raison**, par F. VERDIER, supérieur de Grand Séminaire. 1 vol.

— **Confréries musulmanes.** — *Histoire, Discipline, Hiérarchie*, par le R. P. PETIT. 1 vol.

— **Pratique de la Liberté de conscience dans nos Sociétés contemporaines**, par l'abbé CANET. 1 vol.

— **Comment peut finir l'Univers**, d'après la science, par C. de KIRWAN. 1 vol.

— **Les Théories modernes de la Criminalité**, par le Docteur DELASSUS. 1 vol.

— **Faillite du Matérialisme**, par Pierre COURBET, 3 vol. *se vendant séparément :*
I. — *Historique.* 1 vol.
II. — *Discussion ; l'atome et le mouvement.* 1 vol.
III. — *Discussion ; l'éther, le gaz, l'attraction. Conclusion. — Appendice.* 1 vol.

— **Le Globe terrestre**, par A. DE LAPPARENT, Membre de l'Institut, professeur à l'Ecole libre des Hautes Etudes, 3 vol. *se vendant séparément.*
I. — *La Formation de l'écorce terrestre.* 1 vol.
II. — *La nature des mouvements de l'écorce terrestre.* 1 vol.
III. — *La Destinée de la terre ferme et la Durée des temps.* 1 vol.

— **De la Connaissance du Beau**, *sa définition, application de cette définition aux beautés de la nature*, par l'abbé GABORIT, archiprêtre de la Cathédrale de Nantes. 1 vol.

— **Le Diable dans l'Hypnotisme**, par le docteur Ch. HÉLOT. 1 vol.

— **De la Prospérité comparée des nations protestantes et des nations catholiques**, *au point de vue économique, moral, social*, par le R. P. FLAMÉRION, S. J. 1 vol.

— **L'Art et la Morale**, par le P. SERTILLANGES, dominicain, docteur en théologie. 1 vol.

— **La Sorcellerie**, par I. BERTRAND. 1 vol.

— **Qu'est-ce que l'Ecriture sainte ?** *Les Livres inspirés dans l'antiquité chrétienne : Théorie de l'inspiration*, p. le P. Th. CALMES. 1 vol.

(DEMANDER LA LISTE DES NOUVEAUX OUVRAGES PARUS)

ST-AMAND (CHER). — IMPRIMERIE DESTENAY, BUSSIÈRE FRÈRES

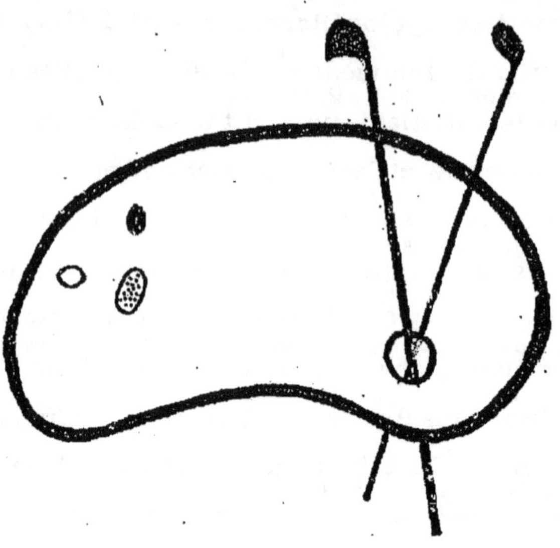

FIN D'UNE SÉRIE DE DOCUMENTS
EN COULEUR

L'AUTORITÉ HUMAINE

DES

LIVRES SAINTS

L'AUTORITÉ HUMAINE

DES

LIVRES SAINTS

PAR LE

P. Lucien MÉCHINEAU, S. J.

PARIS

LIBRAIRIE BLOUD ET BARRAL

4, RUE MADAME ET RUE DE RENNES, 59

1900

DEUX MOTS DE PRÉFACE

L'écrit que nous publions aujourd'hui a paru, en deux articles, dans les *Etudes* du 20 août et du 20 septembre 1899. MM. les éditeurs Bloud et Barral nous ont demandé de pouvoir les reproduire en opuscule dans leur collection bien connue : *Science et religion. Etudes pour le temps présent.* L'accueil si favorable que nos articles avaient reçu de personnes dont l'autorité est considérable et que nous sommes heureux de remercier ici, le désir de répandre encore davantage une doctrine qui nous est chère, parce qu'elle est chère à l'Eglise, nous ont décidé à accepter l'aimable invitation qui nous était adressée.

Fasse le ciel que notre modeste travail soit goûté même de ceux que nous combattons ici bien à regret et pourtant sans hésitation : *Amicus Plato, magis amica veritas.*

Paris, 8 décembre 1899.

LUCIEN MÉCHINEAU S. J.

L'AUTORITE HUMAINE
Des Livres Saints

CHAPITRE PREMIER

POSITION DE LA QUESTION. L'AUTORITÉ HUMAINE
DES LIVRES SAINTS ET LE « CONCESSIONISME. »

Définition générale du concessionisme. — Sa réprobation
dans la Lettre de Léon XIII sur l'américanisme. — Le
concessionisme actuel en matière d'Ecriture Sainte, ou
abandon de l'autorité humaine des Livres Saints par un
certain nombre d'écrivains contemporains.

On a décoré du nom de « concessionisme »
le système, ou plutôt la tendance d'un certain
nombre d'écrivains à estomper dans la brume,
à voiler, à déguiser tel ou tel point de nos doctrines, ou même à les abandonner. volontiers
pour perdus, afin de mieux défendre, croit-on,
les positions réputées plus importantes, et nous
concilier la faveur de nos si « redoutables » adversaires. Le concessionisme peut être excellent
dans la vie pratique ; j'entends par là qu'il vaut

mieux parfois se taire ou céder de la rigueur
de ses droits, quand, à les exiger, on perdrait
son temps et sa peine, ou même davantage.
.Mais en matière de doctrine, et de doctrine assurée, s'il est parfois plus opportun de se taire,
il n'est jamais à propos de mentir à ce qui est
la vérité, et c'est aussi naïveté de croire que la
diminution des dogmes amènera la multiplica-
tion des élus. Dieu savait bien que la prédication de l'enfer, de l'éternité des peines et de
tous les mystères chrétiens qui dépassent la portée de l'humaine raison, soulèveraient de véritables tempêtes parmi les intellectuels de tous les
temps, et pourtant il les a proclamés, ces mystères, et les a maintenus fermement envers et
contre toutes les protestations. Voudrions-nous
être plus sages que Dieu ? Et sommes-nous en
droit de changer quelque chose à la synthèse
des doctrines qu'il nous a lui-même présentées ?
Evidemment non. Par conséquent, pas de con-
cession de doctrine ; ce doit être une loi, comme
c'est un principe absolu.

On se souvient, du reste, que le Souverain
Pontife, dans sa récente Lettre *Testem benevo-
lentiæ*, adressée à S. E. le cardinal Gibbons, a
stigmatisé l'erreur de ceux qui « soutiennent
qu'il est opportun, en vue de mieux attirer les
dissidents, de laisser dans l'ombre certains éléments de la doctrine, comme étant de moindre
importance, ou de les atténuer de telle sorte
qu'ils ne conserveraient plus le sens tenu cons-

tamment par l'Eglise. » Toute la première partie de ce grave document sur ce qu'on a appelé l'*américanisme*, est à méditer par ceux qu'un zèle assurément bien intentionné, mais que nous croyons imparfaitement éclairé, porte à céder sans cesse des doctrines reconnues et enseignées dans l'Eglise.

En ces derniers temps, le concessionisme doctrinal s'est fait remarquer tout particulièrement dans le domaine des études bibliques. On « lâchait » d'abord si bien le dogme de l'inspiration, afin de mettre à l'aise censément les historiens de l'antiquité et les critiques indépendants, que le Souverain Pontife dut intervenir et nous rappeler dans son Encyclique *Providentissimus* les immuables doctrines de l'Eglise dans la matière.

Il est un autre point, celui précisément sur lequel nous nous proposons ici d'attirer l'attention de nos lecteurs, où nous avons le regret de voir, à l'heure présente, quelques écrivains céder aussi trop facilement et trop largement du terrain à nos adversaires, je veux parler de l'autorité historique ou purement humaine des Livres Saints.

Tel nous déclare, par exemple, qu'il suffit de sauvegarder le dogme de l'inspiration des Ecritures, leur « authenticité divine », mais que l'on ne doit pas trop se préoccuper de leur authenticité humaine, qui n'importerait guère. La question de l'auteur humain, en particulier, ne serait jamais une question d'orthodoxie.

Tel autre nous affirme que, quand même on irait aussi loin que les rationalistes les plus outrés sur la question des origines du Pentateuque, on n'aurait pas à craindre de tomber dans l'hérésie ; car on est sur un terrain libre.

Un troisième nous dit que la question d'inspiration relève du dogme, mais non la question d'authenticité qui est affaire de critique et d'histoire.

Enfin d'autres nous assurent que l'on a eu tort jusqu'ici, dans le monde de la théologie et de l'apologétique, de s'appuyer sur l'autorité historique des Evangiles pour prouver le magistère doctrinal de l'Eglise.

Pour qu'on ne nous dise pas que nous formulons des reproches immérités, donnons quelques exemples de ce qui se débite aujourd'hui couramment sur ce sujet.

Voici d'abord ce que l'on écrivait, en 1896, dans une revue dont la valeur scientifique ne saurait être mise en doute :

« Que dit l'Eglise touchant les auteurs de nos Livres Saints ?

« Il est une thèse qu'elle affirme comme dogme de foi et que tout catholique reconnaît : la thèse de l'inspiration. La Bible, dans *toutes ses parties*, est inspirée ; c'est le livre de Dieu. Telle est l'affirmation définie aux Conciles de Trente et du Vatican. Mais si les Livres Saints ont Dieu pour auteur, ils ont aussi un auteur humain. Saint Paul a donné son concours et son concours le plus actif à la rédaction de ses lettres. Dans quelle mesure l'identité de l'auteur humain, l'authenticité humaine est-elle liée à l'authenticité divine ? Il nous semble qu'à considérer les choses *en elles-mêmes*, les liens sont des plus larges. Nous ne voyons pas comment l'inspiration de tel ou tel livre serait compromise si l'on venait à nous démontrer que ce livre n'est pas de l'auteur auquel on l'attribue généralement. A considérer les choses en elles-mêmes, il importe très peu, au point de vue du dogme de l'inspiration, que tout le *Pentateuque* soit de Moïse, que le livre d'Isaïe n'ait qu'un seul auteur, etc. (1) ».

Un peu plus bas, le même écrivain continue :

« Il peut se faire que, pour certains livres, la question présente une difficulté particulière. Il est des livres du Nouveau Testament sur lesquels la tradition catholique est si constante et si explicite, le Concile de Trente est si intentionnellement précis que l'émission d'un doute sur leur auteur pourrait paraître téméraire. Mais tel n'est pas le cas pour la plupart des Livres Saints. Le plus souvent, les exégètes anciens se sont bornés à suivre l'opinion reçue, sans discuter les difficultés auxquelles elle donnait lieu. Ils procédaient d'ailleurs avec une grande liberté dans les questions de ce genre : *il est des Pères qui n'ont pas craint de dire qu'Esdras avait refait*

(1) *Revue biblique*, 1896, p. 465.

tous les livres de l'Ancien Testament (1). *Quant à regarder la question de l'auteur humain comme une question d'orthodoxie, aucun Père n'y a jamais songé. Le livre est de Dieu, voilà la seule authenticité que les représentants les plus autorisés de la Tradition s'appliquent à mettre en relief* (2). »

C'est nous qui soulignons les dernières lignes comme nous paraissant particulièrement inexactes. Nous devons faire remarquer que l'auteur de l'article ne s'est pas nommé, et que la revue qui accueillait son travail, déclinait discrètement toute responsabilité : « Nous avons reçu, disait-elle, les pages suivantes... : elles émanent d'une plume très grave et très compétente. Nous ne voulons, pour le moment, que signaler à nos lecteurs l'intérêt des vues exprimées par notre correspondant, en leur rappelant que la *Revue Biblique* est pour de telles questions une tribune ouverte, et que, parmi nous,

______

(1) Un simple mot pour réfuter cette assertion qui ne viendra pas en discussion dans le présent écrit. Les Pères qui, sur le témoignage du quatrième livre d'Esdras, livre apocryphe, ont cru qu'Esdras, inspiré par le Saint-Esprit, avait dicté à ses scribes toutes les Écritures censément perdues au temps de l'exil, n'admettaient pas pour cela que les livres ainsi restaurés fussent d'Esdras comme de leur auteur. J'ai déjà eu l'occasion de le faire remarquer (*Études*, 5 nov. 1898, p. 304), si l'*Énéide* venait à se perdre et qu'un savant latiniste nous rendît ce poème de mémoire, l'*Énéide* n'en serait pas moins l'œuvre de Virgile, et non celle du latiniste.

(2) *Ibid.*, p. 465-466.

catholiques, peu de questions appellent une discussion plus urgente que celle que soulève notre correspondant (1). »

Cette même année 1896, dans une autre revue, un savant, de mérite assurément, distinguait entre la révélation mosaïque qu'il admettait et la provenance mosaïque du *Pentateuque* qu'il abandonnait à peu près à nos adversaires ; puis il écrivait textuellement ceci : « Quand même on nierait intégralement l'authenticité du *Pentateuque*, comme le fait une fraction avancée du rationalisme biblique, sans s'occuper le moins du monde de son inspiration, on ne tomberait pas dans le crime d'hérésie (2). » Le même auteur disait encore en terminant son travail : « Dans la question des origines du *Pentateuque* apportons le plus de largeur d'esprit possible, et même la plus grande indépendance, puisque nous sommes sur un terrain libre (3). » Nous nous empressons d'ajouter que la revue où s'écrivaient ces choses déclina, comme la précédente, toute responsabilité dans la doctrine de son collaborateur (4).

(1) *Ibid.*, p. 462.

(2) *Science catholique*, 1896, p. 466. Cette proposition a été relevée par le R. P. Brucker dans les termes suivants : « Cette négation radicale, qu'il (notre écrivain) ne fait pas sienne, heureusement, serait bien une hérésie, car elle contredit des affirmations solennelles de l'Ecriture, qui attribuent expressément à Moïse divers morceaux du *Penta-teuque*. » *Etudes*, 1897, 5 janvier, p. 123.

(3) *Science catholique*, 1896, p. 896.

(4) *Ibid.*, note.

En 1898, une troisième revue catholique, à propos des Evangiles eux-mêmes, paraît croire que seules la critique et l'histoire sont intéressées au problème de la provenance humaine des Livres Saints, et que l'Eglise ne condamne pas ceux qui ne s'en prennent qu'à leur authenticité. Ecoutons plutôt :

« L'Eglise s'est prononcée sur l'inspiration de tous les livres contenus dans le Canon ; mais jamais, jusqu'à ce jour, l'œuvre de l'homme dans la composition de ces livres n'a été l'objet d'une décision dogmatique. Ni à Trente, ni au Vatican, elle n'a décidé que tel livre était bien de tel auteur. En se servant des appellations communes pour désigner les Livres Saints, elle ne prétend rien décider sur leur provenance humaine. L'inspiration des livres canoniques est définie, mais l'authenticité n'a jamais fait matière d'un dogme. Et pourtant cette distinction n'a jamais été faite : trop souvent on a confondu inspiration et authenticité et jeté l'anathème à des critiques sérieux qui, tout en admettant l'inspiration de tel livre ou de tel verset, hésitaient à les attribuer à tel ou tel auteur. Il importe extrêmement, à l'heure actuelle, de ne point faire ces confusions et de ne pas condamner ce que l'Eglise ne condamne pas.... La question de la provenance humaine des textes sacrés demeure donc, même après les décisions des derniers conciles œcuméniques, ce qu'elle a toujours été, avant tout et par dessus tout, une question de critique et d'histoire. Ce qui ne veut pas dire, il s'en faut bien, une question essentiellement douteuse et éternellement incertaine. La critique porte, dans certains cas, des jugements irrévocables. C'est donc pour nous un devoir de nous informer et de la teneur et du motivé du jugement porté par la critique, au nom de l'histoire, sur la provenance humaine de chacun des livres canoniques (1). »

Enfin, il y a quelques mois à peine, la même revue donnait un article qui n'avait certainement pas pour but de méconnaître l'importance de la question d'authenticité des Livres Saints ; au contraire. De tout l'article il résultait pourtant ceci : que le magistère doctrinal de l'Eglise, en particulier, ne pouvait pas se démontrer par les Evangélistes considérés comme simples historiens.

L'auteur disait :

« Oui, il me paraît, sauf meilleur avis, que ce

(1) *Revue du Clergé français*, 15 oct. 1898, p. 345-346. Les paroles que nous venons de citer, font partie du compte rendu d'un ouvrage que nous avons loué nous-même tout récemment, *Etudes*, 5 juin, p. 680-682. Nous savons bien qu'on trouve dans cet ouvrage des paroles à peu près semblables, et ce n'est pas sans en avoir éprouvé d'abord quelque étonnement que nous les y avons lues ; mais elles étaient aussi suivies d'un correctif nécessaire que nous avons signalé, et nous pensons que le critique eût bien fait à son tour de le mettre en relief. Autrement, on risque de faire croire à la jeunesse cléricale, et à son grand détriment, que toute doctrine non réprouvée comme hérétique par une décision *ex cathedra*, est une doctrine libre, ce qu'assurément personne n'admet.

procédé mis en crédit au siècle dernier (?), qui va de l'autorité historique de l'Evangile à l'existence du Magistère et par le Magistère à l'autorité d'inspiration, part d'un faux supposé...

« Quel est, d'abord, le supposé logique, pris ici comme point de départ et que j'accuse d'être faux ? C'est la pleine autorité qu'on attribue implicitement aux textes qui fondent le Magistère. Et je n'invente pas cette supposition. Une théorie qui veut fonder un dogme sur un texte donné admet au moins comme base, que ce texte est digne de foi.

« Or, pourquoi appelai-je faux supposé l'autorité humaine accordée à ces textes ? Parce que, à mon avis, leur valeur probante, mise à part de l'autorité canonique, paraît douteuse : parce qu'elle est au moins indémontrable (1). »

Et que manque-t-il donc aux textes sur lesquels on établit le Magistère, pour qu'ils aient une valeur probante, comme textes purement humains ? D'après l'auteur, ce n'est ni l'authenticité, ni l'intégrité des textes, ni davantage la sincérité des Evangélistes, mais bien la compétence humaine des écrivains qui ne serait pas constatée sur ce point particulier. Ecoutons :

« J'admets, comme vous, l'authenticité, l'intégrité, la sincérité des textes et ma raison hésite encore sur leur autorité. Au fait, qui m'assure que l'Evangéliste, envisagé comme simple his-

____

(1) *Revue du Clergé français*, 15 avril 1899, p. 329.

torien, n'a pas, à son insu, tronqué la parole du Maître ? Comment savoir que sa mémoire n'a point failli ? Où prenez-vous cette évidence que la plume de Jean, de Luc ou de Matthieu rend adéquatement la doctrine du Christ ? Autant de questions irrésolues. Pour moi, j'ai des craintes fort sérieuses, tant que je vois en ces hommes de simples chroniqueurs... Or, quand on étudie leur compétence humaine, c'est bien ainsi qu'il faut les voir (1). »

En conséquence, l'auteur propose de sacrifier la preuve du Magistère qui est fondée sur l'autorité historique des Evangiles et qu'il nomme preuve indirecte, réservant le nom de preuve directe, si je saisis bien, à celle qui est fondée sur les miracles qui accompagnent la vie de l'Eglise.

« Que conclure de tout ceci ? Qu'il faut sacrifier la preuve indirecte du Magistère et s'en tenir à la preuve directe, comme le firent Bossuet et saint Augustin ? — C'est mon avis, à moins qu'on ne trouve une méthode nouvelle, différente du procédé classique et qui, sans violer la logique, démontrerait par l'Evangile le Magistère doctrinal. Cette méthode existe, je crois. J'essaierai de dire comment je la comprends (2).»

Dans un second article, l'auteur nous donne la suite ici promise de son travail. Il se résume d'abord comme suit :

(1) *Ibid.*, p. 330.
(2) *Ibid.*, p. 337.

2

« Voici mon argumentation, résumé fidèle de l'article précédent : — *L'autorité historique* de l'Evangile ne suffit pas à démontrer le Magistère ; d'autre part, l'*autorité d'inspiration* n'est connue que par le Magistère lui-même. » On verra plus loin que ces deux propositions ne sont pas exactes ; mais ce n'est pas le moment d'argumenter. L'auteur conclut :

« D'où cette conséquence rigoureuse : Si l'Evangile n'a que l'autorité historique et l'autorité d'inspiration, l'apologétique ne peut en tirer le Magistère doctrinal (1). »

Là-dessus, on nous propose pour les Evangiles une troisième sorte d'autorité, dite *autorité d'assistance*, parce que, en effet, Dieu a assisté les Evangélistes pour qu'ils ne se trompassent point, l'assistance étant « un élément partiel » de l'inspiration. Et comment prouvet-on que Dieu a assisté les Evangélistes ? En recourant à une méthode que l'auteur croit nouvelle, que j'ai apprise pour mon compte de mes maîtres en théologie, il y a bien longtemps, et qu'ils employaient pour démontrer l'*inspiration* elle-même, par conséquent aussi cette *autorité* dite d'*assistance*. C'est ce que nous appellerons plus loin la démonstration de l'inspiration par voie historique, opposée à la démonstration par voie d'autorité. Et ainsi l'on verra que l'auteur, après avoir tenté de démolir, autant qu'il était

(1) *Revue du Clergé français*, 1er juin 1899, p. 54.

en lui, une méthode de démonstration du Magistère usitée en théologie, s'est vainement efforcé d'en trouver une seconde qui fût inédite. Aussi regrette-t-on doublement de l'entendre qualifier l'apologétique de nos maîtres ou de nos orateurs aussi durement qu'il le fait par les paroles suivantes : « C'est triste à dire, mais le vice apparent de nos méthodes accrédite de plus en plus cet aphorisme monstrueux : La religion du Christ ne se démontre pas (1). »

Voilà donc comment on a parlé, comment on parle chaque jour dans un certain camp, et parmi les nôtres. Après avoir proclamé bien haut que l'autorité divine des Livres Saints doit être maintenue avec fermeté, on n'hésite pas à dire qu'il n'en va plus de même de leur autorité humaine : l'authenticité du livre, le nom de son auteur, tout cela terrain libre, terrain de pure critique et d'histoire, qui n'a rien à faire avec l'orthodoxie. Et, selon d'autres, c'est du moins l'autorité humaine des textes sur lesquels on s'appuie pour prouver le Magistère qui ne se démontrerait pas ; d'où il suit qu'on ne doit plus s'en servir, comme on l'a fait jusqu'ici, pour établir le Magistère de l'Eglise.

Eh bien ! tout cela ne saurait passer sans réclamation. Non, l'orthodoxie n'est pas si désintéressée qu'on le dit à ce que la valeur humaine des Ecritures soit ou ne soit pas reconnue. Non,

(1) *Ibid.*, p. 63.

l'autorité historique des Livres Saints n'est pas si caduque qu'on vient de le faire entendre, pour qu'il soit besoin de renier tous nos auteurs, apologistes, théologiens ou orateurs chrétiens. Essayons de le montrer.

CHAPITRE II

L'AUTORITÉ HUMAINE DES LIVRES SAINTS EST UNE DES BASES DE LA THÉOLOGIE

L'autorité humaine des Livres Saints est une des bases sur lesquelles tout repose en théologie ; car elle sert à démontrer : 1º l'autorité de l'Eglise ; 2º l'autorité de la Tradition divine ; 3º l'autorité *divine* des Ecritures. On n'a donc pas le droit de dire que l'autorité humaine des Ecritures n'a pas d'importance, qu'elle n'intéresse pas l'orthodoxie.

Il nous paraît évident que l'on ne ferait pas à nos adversaires tant de concessions dangereuses, si l'on se rendait compte exactement de la place occupée en théologie et en apologétique par l'autorité purement humaine des Livres Saints. Voilà pourquoi il est à propos de montrer, en premier lieu, comment dans les démonstrations théologiques tout se tient et s'enchaîne, quelle est la hiérarchie des preuves dont nous nous servons, soit pour établir les dogmes, soit pour mener un homme à la foi, et quel est dans tout cet ensemble le rôle tenu par la preuve tirée justement de la valeur historique des livres du canon. Quiconque aura bien vu comment se construit, de la base au sommet, tout l'édifice de la doctrine catholique, évitera sûrement de traiter à la légère ce qui concerne l'autorité humaine des Ecritures.

La théologie, pour établir un dogme, une vérité quelconque, emploie deux sortes de preuves : la preuve de raison, quand la matière le comporte, c'est-à-dire quand la vérité à établir est d'ordre naturel, accessible à la simple raison ; et la preuve d'autorité, ce qui veut dire ici la preuve qui découle de la révélation, quand la vérité à établir, soit naturelle soit surnaturelle, a été l'objet d'une communication divine.

La preuve de raison est de deux sortes ou de deux ordres : rationnelle ou historique, selon qu'elle a pour point de départ un principe, une vérité rationnelle, ou des faits historiques dûment constatés. Laissons de côté la preuve d'ordre rationnel qui n'a plus rien à faire dans la question présente ; quant à la preuve d'ordre historique, que l'on emploie précisément toutes les fois qu'on s'appuie sur l'autorité humaine des Livres Saints, on va voir qu'elle est à la base des démonstrations qui ont pour point de départ l'autorité de la révélation, c'est-à-dire à la base de toutes les preuves proprement théologiques.

La preuve dite d'autorité, ou preuve fondée

sur la révélation, est en effet de trois sortes, selon l'autorité même que l'on invoque : autorité de l'Eglise, autorité de la Tradition, autorité des Ecritures inspirées. Or, à les étudier séparément, on constate que toutes les trois, l'Eglise, la Tradition, les divines Ecritures reposent elles-mêmes, partiellement au moins, sur l'autorité humaine des Livres Saints comme sur une base ferme et inébranlable. Essayons de nous en rendre compte.

I. — *Autorité de l'Eglise.*

L'autorité de l'Eglise invoquée en faveur d'une doctrine, quelle qu'elle soit, est démonstrative, chaque fois que l'on a pu prouver que l'Eglise catholique croit ou enseigne cette même doctrine comme appartenant ou se rattachant au dépôt des doctrines révélées.

Seulement, pour croire raisonnablement qu'une doctrine est révélée de Dieu par ce seul fait que l'Eglise la croit ou l'enseigne comme telle, c'est-à-dire par ce seul fait que cette doctrine s'appuie sur l'autorité de l'Eglise, il faut que l'on se soit prouvé à l'avance l'autorité de l'Eglise elle-même, son droit à exiger de nous une foi conforme à la sienne.

Or, sur quoi s'appuie cette autorité de l'Eglise, ou, si l'on veut, l'infaillibilité de son enseignement et de sa foi aux choses d'ordre révélé ? Comment la démontre-t-on ?

L'autorité de l'Eglise se prouve par deux sortes de preuves, ou par deux méthodes : la méthode du fait prochain et la méthode du fait éloigné.

La première méthode s'emploie quand on montre qu'à l'heure actuelle, aux temps où nous vivons, ou dans des époques si peu éloignées de nous qu'on peut les dire présentes, nombre de faits dépassant les forces physiques ou morales de la nature, des miracles divins en un mot, et par conséquent des manifestations de la divinité même, suivent, accompagnent l'Eglise et montrent ainsi que sa doctrine est une doctrine approuvée du ciel.

La méthode du fait éloigné procède comme la précédente, mais en s'appuyant, le mot le dit, sur des faits éloignés, des faits miraculeux qui remontent à des époques plus ou moins reculées, et particulièrement sur les faits prodigieux qui ont accompagné l'origine même, l'institution de cette Eglise dont il s'agit de prouver l'autorité.

Et c'est justement ici, à cette base de l'autorité de l'Eglise à démontrer par les faits éloignés, que le premier concours de l'autorité humaine des Ecritures sera réquisitionné. Car enfin, comment prouver des faits éloignés, historiques ? Par des documents historiques certains. Et quels pourront être les documents historiques attestant les faits prodigieux qui ont accompagné les origines de l'Eglise et justifient

son pouvoir doctrinal? Evidemment ce seront
les livres du Nouveau Testament, et en premier
lieu les *Evangiles* et les *Actes*, qui nous ont
laissé le récit des grands miracles opérés par
Jésus-Christ et par les Apôtres en témoignage
de la vérité de notre foi, de la divinité du Sauveur et de l'origine céleste de son Eglise. Et
ainsi l'on voit du même coup s'il importe ou
non à l'autorité doctrinale de l'Eglise, à ce
dogme de notre foi prouvé par des faits éloignés, que les livres du Nouveau Testament, les
Evangiles particulièrement, aient ou n'aient pas
d'autorité humaine, de valeur historique incontestée.

II. — *Autorité de la Tradition.*

L'autorité de la Tradition invoquée en faveur
d'une doctrine est démonstrative, chaque fois
que l'on a pu prouver, indépendamment de
l'autorité *divine* des Ecritures dont nous parle-
rons tout à l'heure, que Jésus-Christ a enseigné
cette doctrine, ou du moins que les Apôtres
l'ont enseignée et transmise à l'Eglise comme
étant doctrine révélée.

Par conséquent, la Tradition s'appuie ou sur
une parole de Jésus-Christ, ou sur un enseignement des Apôtres transmis autrement que par
les Ecritures *prises comme inspirées.* Considé-
rons à part chacun de ces deux cas, afin de voir
à quelles conditions on peut raisonnablement

et on doit même croire à l'enseignement soit de Jésus-Christ, soit des Apôtres.

S'il s'agit d'abord de Jésus-Christ, il faudra, pour croire d'une foi raisonnable, prouver au préalable deux faits : premièrement que Jésus-Christ a réellement enseigné cette doctrine ; secondement que Jésus-Christ ne peut pas se tromper ni nous tromper, et ce second point sera constaté si l'on a démontré soit la légation divine de Jésus-Christ, soit sa divinité même.

Or, comment prouvera-t-on le premier fait, le fait que Jésus-Christ a enseigné cette doctrine ? Ce sera, ou bien en recourant à des documents historiques, aux Evangiles surtout pris comme livres humains, et par conséquent l'on voit de quelle utilité sera de nouveau l'autorité humaine des Ecritures ; ou bien, en recourant droit à l'autorité de l'Eglise, qui elle aussi — nous l'avons vu — s'appuie très heureusement sur la valeur historique des Livres Saints.

Semblablement, comment prouver le second fait, à savoir soit la mission divine de Jésus-Christ, soit sa divinité ? Toujours de la même manière : en recourant ou à des documents historiques parmi lesquels on mettra au premier rang les Evangiles, ou bien à l'autorité de l'Eglise, laquelle — répétons-le — se démontre à son tour par les écrits du Nouveau Testament pris comme livres historiques.

Si maintenant — c'est notre second cas — la tradition s'appuie sur un enseignement des

Apôtres, il faudra de nouveau, pour croire raisonnablement à cet enseignement, prouver au préalable deux faits : premièrement que les Apôtres ont bien enseigné cette doctrine ; secondement qu'en l'enseignant comme doctrine révélée, ils ne nous trompent pas. Or, pour l'un comme pour l'autre de ces deux faits à démontrer, il est évident que nous aurons encore à recourir au témoignage historique des livres du Nouveau Testament, afin d'établir d'une part quel a été au juste l'enseignement des Apôtres, et d'autre part comment Jésus-Christ leur a conféré le privilège de l'infaillibilité doctrinale.

Il est donc manifeste que la preuve théologique, dite preuve de Tradition, et avec elle, toute la doctrine catholique, est intéressée à ce que la valeur humaine des Ecritures soit et demeure inébranlée.

III. — *Autorité divine des Ecritures.*

L'autorité des Ecritures est de deux sortes : autorité divine, si on les considère comme des écrits qui sont la parole même de Dieu ; autorité humaine, si on les considère comme des écrits dus à des auteurs bien informés et sincères. Or, nous disons que l'autorité divine des Ecritures elle-même est intéressée à ce qu'il conste de leur autorité humaine. Montrons-le.

L'autorité divine des Ecritures invoquée en

faveur soit d'une doctrine, soit d'un fait, est démonstrative, si l'on peut prouver :

1º Que ces Ecritures sont sorties d'une plume inspirée de Dieu pour servir de lumière et de guide à l'humanité. En d'autres termes, il faut prouver l'inspiration et la canonicité des Ecritures.

2º Que ces Ecritures sont parvenues jusqu'à nous sans avoir subi d'altérations graves qui compromettent leur témoignage.

3º Que les Ecritures contiennent bien réellement l'affirmation de la doctrine ou du fait en faveur duquel on les invoque.

Ce troisième point est affaire à l'exégète. Quant aux deux premiers qui constituent proprement l'autorité divine des Ecritures, il faudra les prouver, si l'on veut croire raisonnablement à cette autorité. Or, comment les prouve-t-on ?

Et d'abord l'inspiration et la canonicité ?

L'inspiration et la canonicité peuvent se prouver par deux méthodes ou deux voies : par voie d'autorité ou par voie historique.

On prouve l'inspiration et la canonicité des Ecritures par voie d'autorité, lorsqu'on s'en réfère à l'autorité de l'Eglise, que l'on invoque sa foi ou son enseignement en faveur de l'inspiration et de la canonicité. Cette démonstration suppose donc déjà prouvée l'autorité de l'Eglise elle-même. Or, nous avons dit plus haut que l'autorité de l'Eglise, *quand elle se prouve par la méthode du fait éloigné*, en appelle à l'autorité humaine des Ecritures. De ce fait, l'inspiration et la canonicité des Ecritures sont donc intéressées à ce que l'autorité humaine des Livres Saints soit dûment constatée.

Si l'on prouve, au contraire, l'inspiration et la canonicité par voie historique, voici comment on procède : On établit d'abord par des documents purement historiques — et c'est là la *majeure* de l'argument — que la Synagogue à telle ou telle époque de son histoire, ou l'Eglise chrétienne au temps de Jésus-Christ, des Apôtres, ou dans les âges subséquents, croyaient posséder des livres inspirés, telle et telle collection, un *Pentateuque*, des *Prophètes*, des *Evangiles* de Mathieu, Marc, Luc, Jean, etc. Cela posé, on établit la *mineure* suivante de l'argument : Or des faits surnaturels certains, de véritables manifestations divines montraient au même temps que Dieu approuvait la Synagogue ou l'Eglise, ainsi que leur doctrine fondamentale sur la foi aux Ecritures divines.

Telle est la manière d'établir par voie historique l'inspiration et la canonicité des Ecritures. Mais justement, qui ne voit que pour prouver tant la majeure que la mineure de cet argument, l'autorité humaine des Ecritures doit être invoquée? Et en effet, c'est le Nouveau-Testament, par exemple, qui témoignera de la foi des Juifs et de la foi chrétienne, ou bien les livres plus récents de l'Ancien Testament parleront des précédents. C'est encore l'Ancien-Testament tout entier, comme aussi le Nouveau, qui, par les récits merveilleux dont ils sont remplis, prouveront que Dieu était avec la Synagogue et avec l'Eglise primitive. Il est donc de toute évidence que l'inspiration et la canonicité des Ecritures ne peuvent se démontrer selon la méthode historique de démonstration, ni pour les temps antérieurs à Jésus-Christ, ni pour les temps apostoliques, que si l'on tient pour sûre et certaine l'autorité humaine des Ecritures.

Le second point nécessaire pour établir complètement, *in concreto*, l'autorité divine des Ecritures, c'est de prouver que ces Ecritures inspirées et canoniques sont parvenues jusqu'à nous, sans avoir subi d'altérations graves compromettant la valeur de leur témoignage ; en d'autres termes, il faut prouver leur intégrité substantielle.

Comment la prouve-t-on ?

Deux méthodes de démonstration se présentent encore ici : la méthode historico-critique et la méthode d'autorité.

On suit la première méthode quand, prenant en main les textes sacrés aujourd'hui en usage, on montre par comparaison avec les anciens manuscrits, les versions des premiers siècles et les citations des Pères, que nos textes actuels sont bien, en substance, exactement les mêmes que ceux des Eglises primitives. Cette méthode est presque la seule employée dans nos *Introductions bibliques*.

Il en est une seconde, dite méthode d'autorité, et qui procède de la manière suivante : Elle expose toute la série des enseignements et définitions de l'Eglise concernant l'inspiration et la canonicité des Ecritures ; puis elle conclut que les Ecritures, ainsi préconisées par l'Eglise, n'ont pas été altérées, de telle manière au moins que la substance de leur rédaction ait été compromise. Il est clair, en effet, que si l'Eglise se prononce de distance en distance sur la route des siècles en faveur des Ecritures, elle entend toujours parler des Ecritures qu'elle possède *in concreto*. En d'autres termes, il est évident que si elle défend la canonicité des Ecritures qu'elle a entre les mains, c'est qu'elle répond aussi de leur intégrité substantielle. Cette méthode suppose admise l'autorité de l'Eglise, et — ajoutons-le, car l'observation est ici bonne à faire — l'autorité de l'Eglise prouvée sans recourir aux Livres Saints, à leur valeur humaine; autrement, on commettrait un cercle vicieux, prouvant l'intégrité, qui est partie de l'autorité humaine des Livres Saints, par l'autorité de l'Eglise, laquelle se serait déjà réclamée de cette même autorité humaine des Ecritures.

Mais quelle que soit la méthode que l'on emploie pour prouver l'intégrité des Livres Saints, et par là leur donner *in concreto* toute leur autorité de pièces ou documents inspirés, dans un cas comme dans l'autre, on voit jusqu'à quel point la canonicité des Ecritures est ici inté-

ressée à ce que l'on ne jette pas inconsidérement
par-dessus bord tout ce qui touche au problème
de l'authenticité humaine. Qu'est-ce, en effet,
que l'intégrité substantielle qui est ici en cause?
L'intégrité substantielle, comme nous le dirons
en son temps, est un des éléments qui constituent la valeur ou autorité historique d'un écrit.
Et puisque l'autorité divine des Livres Saints ne
saurait elle-même exister *in concreto*, s'il ne
constait également de l'intégrité matérielle ou
substantielle du texte, c'est donc que la canonicité même des Ecritures ne saurait exister *actu*
indépendamment de leur conservation ou intégrité substantielle.

Et ainsi, de quelque côté que l'on se tourne,
de quelque manière que l'on argumente en
théologie, partout l'on rencontre la question de
la valeur humaine des Livres Saints. Argumentez-vous par l'histoire religieuse qui nous est
racontée de la *Genèse* à l'*Apocalypse*? C'est sur
l'autorité historique elle-même de ces livres que
vous vous appuyez. Argumentez-vous par l'autorité de l'Eglise? L'autorité de l'Eglise la suppose, quand on prouve le Magistère par la méthode du fait éloigné. Vous en appelez à la tradition divine, à la parole de Jésus-Christ ou des
Apôtres? Nos Livres Saints, pris comme livres
historiques, vous diront et ce que Jésus-Christ et
ce que les Apôtres ont enseigné; ils vous prouveront ensuite, par le récit de leurs miracles, que
ni Jésus-Christ, ni les Apôtres ne peuvent vous

tromper, Jésus-Christ étant l'envoyé de Dieu et
le Fils même de Dieu, les Apôtres étant les inter-
prètes autorisés de ce même Fils de Dieu. Enfin,
vous en appelez à l'autorité divine des Ecritures ?
Cela veut dire que vous croyez à leur inspiration, à leur canonicité, à leur intégrité substantielle. Or l'inspiration et la canonicité démontrées par la méthode historique supposent
la valeur humaine des Livres Saints ; et démontrer, d'autre part, l'intégrité substantielle des
Ecritures, c'est revendiquer pour elle un des
éléments qui constituent leur autorité simplement historique.

Après cela, je le demande, de quel droit
viendrait-on nous dire que la question de la
valeur humaine des Livres Saints est une question qui n'a pas d'importance, ou qui n'intéresse pas l'orthodoxie ? Autant vaudrait dire
que l'orthodoxie peut sacrifier de gaieté de cœur
une des bases sur lesquelles tout repose dans
la doctrine catholique : l'autorité de l'Eglise,
l'autorité de la Tradition, l'autorité divine des
Ecritures.

L'Eglise, du reste, ne pense pas autrement,
qu'elle nous parle par la bouche de ses orateurs,
de ses théologiens, de ses apologistes, de ses
conciles ou de ses papes. Nous le montrerons
au chapitre suivant.

CHAPITRE III

L'AUTORITÉ HUMAINE DES LIVRES SAINTS PROUVÉE
PAR L'USAGE QU'ON EN FAIT DANS L'ÉGLISE

L'Eglise ou les écrivains qui la représentent ont recours,
dans leurs démonstrations apologétiques *par le fait éloigné*
à l'autorité humaine des Livres Saints et la déclarent incontestable. Les théologiens, les orateurs chrétiens, le
concile du Vatican, Léon XIII, défendent cette doctrine.
Réfutation directe de ceux qui nient, en particulier, la
valeur de la preuve du Magistère fondée sur la valeur
purement humaine des Livres Saints.

Que l'Eglise elle-même défende avec un soin
jaloux la valeur humaine de nos Livres Saints,
c'est chose facile à démontrer sans qu'il soit
besoin de grande érudition.

Nous l'écrivions l'année dernière (1), il y
a deux méthodes d'apologétique consacrées
dans l'Eglise. Et d'abord, on peut parfaitement
démontrer la vérité de la foi chrétienne, l'origine divine de l'Eglise catholique, sans recourir

(1) *Etudes*, 5 novembre 1898, p. 292 sqq.

à aucun livre. Il suffit de s'appuyer sur les manifestations sans cesse renouvelées, toujours présentes de la puissance de Dieu qui suit et accompagne son Eglise à travers les siècles, afin de montrer aux plus ignorants, comme aux plus savants des hommes, où est la vraie religion, où est la doctrine approuvée du ciel, quelle est, par conséquent, la vraie route qui y mène. C'est là cette méthode de démonstration que nous avons appelée la démonstration par le fait prochain, et l'on voit pourquoi sans qu'il soit besoin de l'expliquer davantage.

Cette première méthode nous a été recommandée par l'Eglise elle-même au dernier de ses conciles, le concile du Vatican. Après avoir dit que, pour nous amener à reconnaître la vraie foi, Jésus-Christ, en fondant son Eglise, avait eu soin de munir ses origines de tous les signes de crédibilité, le Concile ajoute : « Bien plus, l'Eglise, par elle-même, du fait de son admirable propagation, de son éminente sainteté, de sa fécondité inépuisable en toutes sortes de biens, de son unité catholique, de son invincible stabilité, est un grand et *perpétuel* motif de crédibilité, un témoignagne irréfragable en faveur de sa divine légation (1). »

(1) « Quin etiam Ecclesia per se ipsa, ob suam nempe admirabilem propagationem, eximiam sanctitatem et inexhaustam in omnibus bonis fœcunditatem, ob catholicam unitatem, invictamque stabilitatem, magnum quoddam et perpetuum est motivum credibilitatis et divinæ suæ legationis testimonium irrefragabile. » *Conc. Vat.*, sess. III, cap. III, De Fide.

Voilà les vrais miracles, toujours présents, toujours actuels, et que l'Eglise déclare être de grands et perpétuels motifs de crédibilité. Les orateurs chrétiens ont donc mille fois raison, quand ils s'adressent à des auditoires populaires, et même à des auditoires d'élite, de revenir sans cesse sur ces divers motifs de crédibilité que nous rappelle ici le concile du Vatican.

Mais à côté de ce premier genre de démonstration, il en est un second, que nous avons nommé la démonstration par le fait éloigné, le fait qui appartient au passé de l'histoire. Eh bien ! cette démonstration, elle est également traditionnelle dans l'Eglise. Ni les orateurs chrétiens, ni les théologiens ne la négligent. Prenez les conférenciers de notre temps ; prenez les apologistes chrétiens ; prenez les théologiens d'école ; ouvrez surtout les deux traités maintenant classiques, *De Religione*, *De Ecclesia*, qui, depuis trois siècles et plus, se sont adjoints à la grande théologie et forment comme une préface à la *Somme* de saint Thomas d'Aquin, et vous constaterez qu'il y a toute une série de thèses ou propositions, que les maîtres font reposer sur les manifestations de la divinité dont l'histoire nous a gardé le souvenir certain. Mais où les prennent-ils, ces faits ? Sur quels documents humains les appuient-ils ? La plupart du temps sur nos Livres Saints considérés comme des documents historiques qui sont certains et défient le doute prudent.

C'est ainsi, par exemple, qu'ils nous prouvent l'origine divine du judaïsme et du christianisme ; la mission divine de Jésus-Christ ; la divinité de sa personne ; l'institution divine de l'Eglise chrétienne ; l'unité, la sainteté, l'apostolicité, la catholicité de cette même Eglise ; sa hiérarchie, son pouvoir doctrinal et gouvernemental, son infaillibilité ; la primauté de Pierre comme de ses successeurs, l'infaillibilité de son magistère et de son droit à régir l'Eglise universelle, et tout cela, entendez-le bien, nos maîtres croient pouvoir le démontrer en se fondant, même uniquement, sur l'autorité humaine des Livres Saints et, en particulier, des Evangiles.

Que nos théologiens, et avec eux nos orateurs chrétiens et nos apologistes, aient raison de s'appuyer ainsi sur l'autorité purement historique des Ecritures, pour faire la preuve rigoureuse de toutes les propositions que nous venons d'indiquer, c'est ce que l'on ne saurait nier ; et il y aurait non seulement impertinence, mais grande témérité à contester la légitimité, la valeur d'un procédé de démonstration employé si universellement dans l'Eglise.

Du reste, s'il y fallait joindre le poids d'une parole souveraine, on la trouverait sans peine. Le Souverain Pontife, Léon XIII, dans son encyclique *Providentissimus,* a lui-même exposé le double procédé de démonstration apologétique dont nous parlons. Après avoir dit que pour établir l'autorité *intégrale* « auctoritas integra » des Ecritures, il n'y a pas d'autre moyen de l'obtenir *pleinement et universellement* (1), « plene universeque », que de recourir au magistère de l'Eglise, dont la divine légation peut, à son tour, se prouver sans livre et par les signes prochains de crédibilité que nous indique le concile du Vatican (nous le citions tout à l'heure), il ajoute ces paroles mémorables : « Mais parce que le magistère divin et infaillible de l'Eglise repose *aussi* sur l'autorité de la Sainte Ecriture, à cause de cela il faut d'abord établir et prouver *la foi au moins humaine qui est due à celle-ci, afin qu'au moyen de ces livres, comme des plus sûrs témoins de l'antiquité, puissent être démontrées et mises en évidence, la divinité et la mission de Jésus-Christ, l'institution de l'Eglise hiérarchique, la primauté conférée à Pierre et à ses successeurs* (2). »

(1) A dessein nous soulignons ces mots. Nous avons dit plus haut que l'on peut démontrer l'autorité des Ecritures et par voie d'autorité (de l'Eglise) et par voie historique. Ici, le Souverain Pontife nous affirme que seule la voie d'autorité démontre *pleinement* et *universellement* l'autorité *intégrale* des Ecritures. Il est évident que le Souverain Pontife tenait à affirmer la supériorité de la méthode d'autorité ; mais c'était reconnaître en même temps qu'il existe une seconde méthode, quoique moins efficace, moins universelle, moins adaptée à l'ensemble des intelligences.

(2) « Quoniam vero divinum et infallibile magisterium Ecclesiæ in auctoritate etiam sacræ Scripturæ consistit, hujus propterea fides saltem humana asserenda in primis vindicandaque est : quibus ex libris, tanquam ex antiquitatis probatissimis testibus, Christi Domini divinitas et legatio, Ecclesiæ hierarchicæ institutio, primatus Petro et successoribus ejus collatus, in tuto apertoque collocentur.» Encyclica *Providentissimus.*

Ainsi, nul doute n'est possible ; d'après les paroles mêmes du Pape, on peut démontrer, mettre en évidence le magistère de l'Église, la divinité et la mission de Jésus-Christ, enfin toutes les grandes thèses qu'il vient d'énumérer et qui forment aujourd'hui les traités *De Religione* et *De Ecclesia*, et cela, en s'appuyant sur l'autorité simplement humaine des Ecritures, comme l'ont toujours fait et le font encore les apologistes catholiques, écrivains, théologiens ou orateurs.

De cette doctrine assurée, il suit, premièrement, que la valeur humaine des Livres Saints auxquels on a recours pour établir les propositions indiquées ci-dessus par le Pape, est chose tout à fait certaine ; sinon, c'est en vain qu'on essaierait d'établir sur ces textes une démonstration rigoureuse. Il suit, en second lieu, qu'il n'est pas permis de dire que le magistère de l'Eglise ne se démontre pas efficacement par l'autorité humaine des Livres Saints ; car, parler ainsi, ce serait aller droit contre les enseignements du Pape et de l'Eglise entière.

Nos lecteurs ne seraient sans doute pas satisfaits, si nous ne répondions aussi, et directement, aux difficultés qui ont été proposées, dès le début de ce travail, précisément contre la démonstration du Magistère, par l'autorité humaine des Evangiles. Nous allons le faire rapidement.

On a dit : il est impossible de déduire le magistère de l'Eglise du témoignage purement
historique des Evangiles, et voici pourquoi :

1° On ne peut savoir si les Evangélistes, en-
visagés comme simples historiens, n'ont pas, à
leur insu, tronqué les enseignements du Maître,
quand ils ont énoncé ainsi les paroles du Christ
sur lesquelles s'appuie le Magistère : Allez, en-
seignez toutes les nations, toute puissance vous
est donnée, je suis avec vous jusqu'à la con-
sommation des siècles, etc.

Réponse : Il suffit que ce que les Apôtres ont
rapporté des paroles de Jésus-Christ, ait bien
été dit par Jésus-Christ et dans le même sens.
Les omissions ici ne peuvent nous nuire. Si,
pour croire à un historien, il fallait prouver
qu'il a tout relaté, sans rien omettre, nous serions fort empêchés d'en croire un seul.

2° Qui me dit que la mémoire des Evangélistes, pris comme historiens, n'a point failli en
rapportant ces paroles ?

Réponse : Qui vous le dit ? Mais leur accord
d'abord, et, par dessus tout, les Evangiles en
entier qui, en dehors des textes dits classiques,
partout nous montrent Jésus-Christ préparant la
fondation de son Eglise, choisissant ses Apôtres,
leur enseignant sa doctrine, la leur faisant en-
seigner à eux-mêmes, puis leur léguant son
œuvre à développer après sa mort. Enfin, vous
avez toute l'histoire de l'Eglise primitive, qui
montre en action les Apôtres prêchant en vertu

des pouvoirs qu'ils ont reçus de Jésus-Christ. Il est donc évident que les Apôtres ont bien rapporté l'essentiel des paroles du Christ sur la mission autorisée de son Eglise, et que leur mémoire n'a point faibli.

3° Où prenez-vous cette évidence que la plume de Jean, de Luc ou de Matthieu rend adéquatement la doctrine du Christ ?

Nous avons déjà répondu : pas n'est besoin que les Evangélistes aient tout rapporté ; il suffit que ce qu'ils rapportent rende bien dans sa substance la parole du Christ. Or, de cela on ne saurait douter pour les raisons que nous venons de dire dans la réponse à l'objection précédente.

C'est à peu près tout ce que l'on nous a objecté contre la compétence humaine des Evangélistes ; comme on voit, elle ne saurait être sérieusement mise en doute dans cette question.

Ah ! s'il s'agissait d'établir un dogme très élevé, très subtil, en se fondant sur certains discours de Jésus-Christ dont le sens est difficile à percevoir, ou dépasse même la portée de l'intelligence humaine, sans doute nous devrions nous dire qu'en pareil cas un historien, fût-il le plus honnête et le plus intelligent, peut fort bien se tromper, et rapporter d'une manière, non seulement incomplète, mais encore inexacte, les discours si profonds de Jésus-Christ.

Par exemple, s'il s'agissait d'établir que, d'après les paroles de Jésus-Christ dans saint

Jean, le Saint-Esprit procède du Père et du Fils dans l'unité de principe, il est clair qu'une telle vérité si haute, si peu à la portée du commun des hommes, et sans lien apparent avec l'ensemble des vérités qui nous sont familières, a pu être mal comprise, mal rapportée par un écrivain qui n'est encore, à mes yeux, qu'un historien ordinaire. Aussi personne n'aura l'idée de prouver la procession du Saint-Esprit en s'appuyant sur la valeur purement humaine des Ecritures.

Mais tel n'est point le cas du Magistère de l'Eglise. Les Apôtres, pris comme de simples pêcheurs de Galilée, étaient parfaitement en mesure de comprendre ce que Jésus-Christ leur disait par ces paroles ou autres semblables : « Allez prêcher par le monde entier ce que je vous ai moi-même enseigné, et jusqu'à la fin du monde je serai avec vous ; l'enfer ne prévaudra pas. Qui vous écoute, m'écoute ; qui vous méprise, me méprise. Qui vous croira, sera sauvé ; qui ne vous croira pas, sera condamné. »

Tout cela est très simple, très clair, à la portée de tout le monde, et Jésus-Christ l'a répété sous tant de formes qu'on peut être sûr de la fidélité et de l'exactitude de nos bons Evangélistes. Ainsi, l'on peut être tranquille et continuer de croire, comme ci-devant, que les Evangiles, à ne considérer même que leur valeur historique, prouvent très bien le Magistère de l'Eglise.

CHAPITRE IV

VRAIE NATURE DE L'AUTHENTICITÉ OU AUTORITÉ HUMAINE

Trois conditions sont nécessaires et suffisantes pour qu'un livre ait pleine autorité humaine : la science de l'auteur dans les matières où l'on fait appel à son témoignage, sa probité, la conservation ou intégrité substantielle de son texte. S'il est nécessaire, ou du moins utile, de connaître aussi le nom de l'auteur. Pourquoi l'Eglise ne peut se désintéresser des origines même simplement humaines des Ecritures.

La démonstration du Magistère par l'autorité historique des Evangiles n'est qu'une application particulière de l'usage qu'on peut faire de nos Saints Livres pris comme livres simplement humains. Reprenons donc notre thèse générale, et après avoir montré comment la théologie dans ses procédés de démonstration, l'Eglise dans son apologétique, font appel à l'authenticité des Ecritures ou la supposent comme vérité certaine, essayons, pour contenter tout le monde, de répondre encore ici directement aux difficultés que l'on oppose à notre thèse générale elle-même.

Un livre, nous dit-on, pour être inspiré et canonique, n'a pas strictement à justifier d'abord de son authenticité humaine, ni à produire le nom et les qualités de son auteur humain. Il doit donc nous suffire de maintenir et de défendre le caractère inspiré de ce livre. Qui ne sait, d'ailleurs, qu'un certain nombre de nos Livres sacrés sont sans date et sans nom d'auteur ? Par conséquent, il est avéré que nos Livres Saints n'ont aucunement besoin d'être munis de preuves de leur authenticité humaine. Et alors que vient-on nous dire qu'il faut défendre la valeur humaine, l'authenticité humaine de ces livres, aujourd'hui surtout qu'elle est si contestée par la critique ?

Il y a dans ces paroles beaucoup de confusions, que l'on éviterait à coup sûr, si l'on se rappelait, premièrement, en quoi consiste l'authenticité, ou autrement quelles sont les conditions nécessaires et suffisantes pour qu'un livre jouisse de l'autorité humaine ; et, secondement, de combien de manières la valeur historique d'un Livre Saint peut se trouver démontrée et irrécusable, quoi que l'on fasse. Expliquons ces deux points ; ils nous donneront la clé de toutes les difficultés qu'on vient d'entendre.

Et d'abord, première question, qui va faire l'objet de ce chapitre :

Quelles conditions sont requises pour qu'un livre ait pleine autorité humaine ?

Un livre a l'autorité humaine ou historique du moment qu'il conste de trois choses, à savoir : que l'auteur est un écrivain de probité incontestée ; que ce même auteur avait la connaissance des matières sur lesquelles on a recours à son témoignage ; et enfin que le texte de l'auteur n'a pas été falsifié en route, qu'au contraire, il rend bien fidèlement son témoignage.

Voilà ce qu'il faut, ni plus ni moins, pour qu'un ouvrage ait sa pleine valeur historique ; et tout livre dont on peut dire qu'il nous arrive sans altération substantielle, d'un auteur probe et bien renseigné, est un livre qui mérite confiance, qui mérite la foi humaine correspondant à sa valeur humaine. En un mot, c'est un livre authentique, c'est-à-dire un livre qui fait autorité en histoire.

On voit, d'après cela, qu'il n'est pas même requis de connaître le nom de l'auteur du livre. Et, en effet, on peut très bien arriver à savoir que l'auteur d'un écrit a parlé avec connaissance de cause et en parfait honnête homme, sans qu'on sache pourtant quel est le nom de cet honnête homme. Voyez, par exemple, les deux livres des *Paralipomènes*, ou, si vous le préférez, les deux derniers *Livres des Rois*. Qui sait le nom de l'auteur de ces livres ? Personne ne le peut dire, du moins avec certitude. Et qui peut douter cependant de la science et de la probité de cet auteur ? Personne, en dehors des gens à parti pris du rationalisme biblique. Par le nombre des sources qu'il a consultées et auxquelles il renvoie pour s'excuser de ne pas entrer dans plus de détails, on juge, on voit clairement que cet écrivain était au courant de l'histoire qu'il raconte. D'autre part, l'accord constant de son récit avec les récits parallèles de l'Ancien Testament, avec les *Prophètes*, avec les découvertes récentes de l'assyriologie, montre bien, non seulement qu'il était exactement informé, mais encore qu'il ne nous a pas voulu tromper, qu'il a écrit, au contraire, en toute loyauté et avec un désir sincère de l'exactitude. Concluons donc qu'un livre peut jouir d'une pleine autorité historique, quand bien même on ne connaîtrait pas le nom de son auteur.

S'ensuit-il qu'il soit indifférent, dans une question de valeur historique ou d'authenticité humaine, de connaître ou de ne connaître pas le nom de l'auteur du livre ? Non, pas toujours. Et pourquoi ? Parce que souvent le nom seul suffit à garantir la science compétente et l'honnêteté parfaite de l'écrivain. Si c'est Moïse qui a écrit le récit de la sortie d'Egypte, les longues pérégrinations à travers le désert : si ce sont les Apôtres Mathieu et Jean, ou les disciples des Apôtres, Marc, Luc, qui nous ont laissé la vie du Sauveur, pas n'est besoin d'aller plus loin, nous avons affaire à des gens bien informés et dont la probité est au-dessus de tout soupçon.

Voilà pourquoi, encore que parfois nous puissions prouver la science et l'honnêteté d'un écrivain qui reste anonyme, il n'est pas indifférent, en bien des cas, de savoir ou de ne pas savoir le nom de l'auteur, ce nom pouvant être à lui seul une garantie, une preuve irrécusable de compétence et de probité.

Aussi le théologien lui-même ne se désintéresse-t-il pas, en pareille occurrence, du nom de l'écrivain sacré ; car voici la série d'arguments qui se développe alors sous ses yeux : le nom de l'auteur garantit la loyauté et la science de l'écrivain ; la loyauté et la science de l'écrivain constituent, avec l'intégrité du texte, ce que l'on appelle sa valeur ou autorité historique ; et l'autorité historique enfin de nos saints livres nous sert à prouver les grandes thèses de la théologie fondamentale. Et l'on voit ainsi comment tout se tient et s'enchaîne ; comment un fait, de sa nature historique, tel que le nom d'un auteur, peut être en connexion étroite avec des vérités religieuses capitales.

C'est pourquoi l'Eglise elle-même ne reste pas indifférente à ces questions de critique biblique, et l'on a vu Léon XIII, par exemple, non seulement affirmer l'autorité historique des Livres Saints, mais encore déclarer que d'attribuer les livres du Nouveau Testament à d'autres auteurs que les auteurs reconnus dans l'Eglise « evangelica et scripta apostolica aliis plane auctoribus tribuenda », c'était commettre une

erreur monstrueuse « hujusmodi portenta erro-
rum ». Avis à ceux qui ont récemment imaginé
de soutenir que les questions d'authenticité ou
d'autorité humaine des Livres Saints sont de
pures questions de critique et d'histoire, qui ne
touchent en rien à l'orthodoxie.

Mais il y a une autre raison pour laquelle
l'Eglise, en certains cas, ne se désintéresse pas
et ne peut pas se désintéresser des origines
même simplement humaines des Ecritures, et
cette raison la voici :

Il peut très bien se faire que *tout ce qui con-*
cerne la valeur humaine ou les origines historiques d'un livre, sa provenance, le nom de
l'auteur, les titres et qualités de celui-ci à nous
imposer la vérité de son récit, soient aussi du
domaine de la foi, appartiennent au dépôt des
vérités ou des faits *révélés*, c'est-à-dire des faits
contenus soit dans l'Ecriture, soit dans la Tradition divine. Il dut même en être ainsi toujours au début, quand un livre inspiré parais-
sait et était remis par son auteur à la Synagogue
ou à l'Eglise. Il fallait bien, en effet, pour qu'un
livre sorti de la main d'un homme, prince ou
berger, prophète ou apôtre, fût accepté un jour
ou l'autre comme inspiré, que la Synagogue ou
l'Eglise pût vérifier les titres de l'écrivain qui se
disait inspiré, en d'autres termes que celui-ci
déclinât ses titres et qualités pour faire ad-
mettre son écrit au rang des écrits inspirés et
canoniques. L'écrivain se présentait donc de la

part de Dieu, non point devant un bureau d'enregistrement, comme on l'a dit avec une ironie peu convenable en pareil sujet, mais à ceux auxquels il remettait son livre ; il déclarait devant eux au nom de Dieu que lui, David ou Amos, Luc ou Jean était l'auteur inspiré et digne de foi de tel ou tel écrit ; et il fallait prouver tout cela, sans quoi, je vous le demande, comment son écrit eût-il jamais pu pénétrer dans la collection des livres qui contiennent authentiquement le dépôt de la foi et qu'il faut croire comme parole de Dieu ? On n'imaginera pas, je suppose, sauf exception possible, qu'une seconde révélation était faite à un intermédiaire sur la valeur divine des écrits composés par le véritable auteur inspiré ? Non, c'était bien lui, d'ordinaire, le véritable auteur qui présentait son livre de la part de Dieu. La déclaration de ce prophète ou de cet apôtre étant donc faite au nom de Dieu, était elle-même parole de Dieu. Aussi la troüve-t-on parfois enregistrée jusque dans le livre de l'écrivain inspiré, ou même encore, dans les écrits postérieurs d'hommes semblablement inspirés, par conséquent, elle fait partie des Ecritures elles-mêmes. Parfois, cette nécessaire déclaration n'est pas entrée dans l'Ecriture, mais alors elle a dû se faire oralement et appartenir ainsi à la tradition divine purement orale.

Dans les deux cas, à l'origine, tous les éléments qui peuvent servir à établir, non seulement la valeur ou autorité divine d'un livre, mais encore sa valeur humaine, tels que science, probité, nom de l'auteur, etc., ont fait partie du nombre des vérités révélées (1). Voilà ce que l'on n'aurait jamais dû oublier.

Il est vrai que des textes appartenant à l'Ecriture, parfois même des faits de Tradition, peuvent se perdre avec le temps : et, en réalité, beaucoup de choses se sont perdues sur la route des siècles. On a perdu jusqu'à des livres entiers, qui étaient bien pourtant des livres inspirés ; à plus forte raison a-t-on pu oublier l'époque d'un écrit, le nom de son auteur. Une seule chose est nécessaire et ne saurait manquer, c'est que l'Eglise garde dans ses Traditions le dépôt des vérités que Dieu veut y conserver jusqu'à la fin des temps pour le salut ou le plus grand bien de l'humanité ; le reste peut s'égarer, nous l'avouons sans peine.

Il n'en reste pas moins que si dans les Ecritures ou dans les Traditioms divines conservées par la Synagogue ou l'Eglise, on rencontre toujours non seulement les éléments constitutifs de l'autorité divine des Livres Saints, mais en-

---

(1) On pourrait supposer encore, en ce qui concerne les Apôtres, que l'Eglise a reçu leurs écrits comme inspirés, parce qu'elle savait les Apôtres inspirés pour prêcher par écrit la doctrine de Jésus-Christ. Mais l'Eglise n'ayant pu recevoir cette connaissance que des Apôtres eux-mêmes ou de la prédication de Jésus-Christ, il est évident que même en ce cas l'Eglise a reçu communication certaine de l'origine apostolique du livre et de sa valeur humaine.

core les éléments constitutifs de leur autorité
humaine, on peut être tenu de croire même à
cette autorité humaine ainsi affirmée par l'Ecriture ou par la Tradition. Et s'il n'y faut qu'un
exemple, qu'on prenne le cas du *Pentateuque*
et de son auteur. Qui nous assure que Moïse a
écrit le *Pentateuque* dans sa substance? L'Ecriture elle-même, Jésus-Christ, les Apôtres, toute
la Tradition tant juive que chrétienne. Et qu'on
vienne donc nous dire en pareil cas que l'authenticité humaine, le nom de l'auteur, sont
des questions libres où l'on n'est pas tenu d'in-
cliner sa raison ! Non, certes, il n'en va pas
ainsi. Quand l'Ecriture ou la Tradition parlent,
quand elles nous indiquent les origines d'un
livre, le nom de son auteur, moins que jamais
on a le droit de soutenir que la question reste
libre, que c'est une pure question de critique et
d'histoire, sans lien avec l'orthodoxie.

CHAPITRE V

DE COMBIEN DE MANIÈRES ON PEUT PROUVER LA VALEUR HUMAINE OU AUTORITÉ HISTORIQUE DES LIVRES SAINTS

S'il s'agit d'abord de l'intégrité du texte, on peut la prouver par une double méthode : la méthode historico-critique et la méthode d'autorité. Quant à la science et à la probité des écrivains sacrés, elles peuvent se démontrer soit indirectement, en la déduisant du fait de l'inspiration, soit directement par la méthode historique, en recourant aux témoignages de l'histoire ; de plus, quand la valeur humaine d'un livre se trouve affirmée par l'Ecriture ou par la Tradition divine, une troisième méthode de démonstration est possible : la méthode théologique. Dans ce dernier cas, l'autorité purement historique des Livres Saints, peut acquérir même une certitude de foi.

La seconde question que nous avons à traiter, pour bien nous rendre compte de ce qu'est l'autorité humaine des Livres Saints, est la suivante : De combien de manières peut-on prouver cette valeur humaine, ou autrement, l'autorité historique des Ecritures ?

Nous avons dit que pour établir l'autorité historique d'un livre, il faut prouver trois choses : la probité de l'écrivain ; sa connaissance des matières dont il rend témoignage ; la conservation ou intégrité substantielle du texte de l'auteur. En ce qui concerne le troisième élément de l'autorité historique, l'intégrité du texte, on a déjà vu qu'il peut se démontrer par deux méthodes : la méthode critico-historique et la méthode d'autorité. Il ne nous reste donc qu'à parler des deux premiers éléments : la probité et la science de l'écrivain.

Or, s'il s'agit de nos Livres Saints, il y a une première méthode de prouver la compétence absolue de l'écrivain, la probité de sa rédaction et l'exactitude de ses informations ; c'est la méthode que j'appelle indirecte. Elle consiste à déduire l'autorité historique du livre du fait de son inspiration, à charge, bien entendu, de prouver d'abord cette inspiration, et cela, en renonçant, sous peine de commettre une pétition de principe ou de tomber dans un cercle vicieux, à se servir de l'autorité historique elle-même. Qu'à ces conditions, on puisse employer cette méthode, et qu'une telle méthode soit rigoureusement démonstrative, la chose est évidente. Il est absolument impossible, en effet, qu'un écrit sorti d'une plume que Dieu dirige et inspire, n'ait pas en même temps pour auteur humain un écrivain parfaitement renseigné et très loyal dans sa rédaction.

Une conséquence très importante à tirer de là, et sur laquelle il faut aussi appeler l'attention de nos « concessionistes », c'est que jamais, au grand jamais, on ne doit accorder qu'il y ait ou qu'il puisse y avoir parmi nos livres canoniques des livres auxquels l'autorité historique ou l'authenticité humaine fasse défaut. Dites, s'il y a lieu, que son auteur est inconnu, ou encore, si c'est le cas, accordez que sa valeur historique ne peut plus, dans l'état de nos documents, se démontrer par la méthode purement historique dont nous allons parler tout à l'heure, personne n'aura rien à réclamer. Mais jamais l'on ne devra concéder, de manière absolue, qu'il y ait un seul de nos livres inspirés auquel manque la valeur ou autorité humaine, puisque, en effet, cette valeur est toujours démontrable, au moins par la méthode indirecte.

Donc, dans la Bible canonique pas un livre qui n'ait sa parfaite valeur humaine ; pas un seul qui ne jouisse de l'autorité historique ; pas un dont il faille laisser dire qu'il n'est pas *authentique*. Un livre authentique, c'est un livre, quel qu'en soit l'auteur, connu ou inconnu, dont l'autorité ne peut être contestée ; or, tous nos Livres Saints sont de cette nature ; leur autorité tant humaine que divine est au-dessus de toute contestation.

Une seconde méthode de prouver la science humaine et la probité de nos auteurs sacrés, c'est la méthode historique, et purement historique, à laquelle nous faisions ci-dessus allusion. Elle consiste à recourir aux témoignages des autres écrivains, sacrés ou profanes, contemporains ou postérieurs, et aussi aux caractères internes de l'ouvrage, pour établir que l'auteur de cet ouvrage, auteur dont l'histoire nous a conservé ou ne nous a pas conservé le nom selon les cas, est vraiment un homme loyal et qui a écrit de ce qu'il savait bien.

On arrive, par cette méthode, à prouver avec certitude la valeur humaine de beaucoup de nos saints livres ; avec probabilité seulement la valeur humaine de quelques autres ; puis il faut convenir qu'il en est plusieurs, par exemple, parmi les deutérocanoniques de l'Ancien Testament, dont l'autorité humaine s'établirait difficilement par la méthode purement historique. L'histoire ne nous a pas toujours conservé les renseignements ou témoignages qui seraient nécessaires. D'autre part, les seuls caractères internes ne suffisent pas ; quelquefois même, ils font plutôt matière à difficulté. Cela, une saine critique l'accordera volontiers ; mais là encore il ne faut pas trop se hâter, puisqu'on sait par ailleurs qu'après tout, et nonobstant toutes les lacunes de l'histoire, il n'est pas un seul de nos livres qui ne se prouve historique, très authentique, sinon par la méthode purement historique, au moins par la méthode indirecte.

Pour un certain nombre de nos Livres Saints,

il est d'autres méthodes de démontrer encore
leur valeur humaine ; nous voulons parler des
livres dont la valeur humaine elle-même fait
toujours partie du dépôt de la foi, parce que,
comme on l'a expliqué, soit l'Ecriture elle-
même, soit la Tradition divine ou apostolico-
divine nous garantissent les divers éléments qui
constituent la valeur humaine d'un livre. Dans
ce cas, on peut prouver l'autorité purement
humaine d'un livre selon les méthodes théologiques, c'est-à-dire, comme on prouve n'importe
quelle vérité contenue dans les Ecritures ou
dans la Tradition, à la condition toujours de ne
pas s'appuyer dans sa démonstration sur un
principe qui ne tiendrait à son tour que grâce à
l'autorité historique de l'Ecriture ; autrement on
roulerait dans un cercle vicieux. Il n'échappe
pas au lecteur — nous l'avons déjà prévenu sur
ce point — que, quand l'autorité historique
d'un livre est ainsi l'objet d'une vérité révélée,
personne n'a le droit de la contester, et qu'il
peut facilement se présenter des cas où l'on ne
saurait nier, par exemple, le nom de l'écrivain,
sans s'exposer à encourir les notes théologiques
les plus graves, la note d'hérésie comprise.

CHAPITRE VI

CONCLUSION

Nécessité pour le prêtre de savoir démontrer non seulement l'autorité divine de toutes les Ecritures, mais encore l'autorité humaine de ceux au moins des Livres sacrés qui sont à la base de l'Apologétique ou théologie fondamentale.

En voilà assez, j'espère, pour qu'on ne nous dise plus que l'authenticité des Livres Saints n'a rien à voir avec l'orthodoxie. Qu'on me permette seulement, en terminant, de tirer de la doctrine précédemment exposée une conclusion d'ordre pratique : c'est que le clergé est tenu de savoir démontrer non seulement l'autorité divine, mais bien encore l'autorité humaine des Livres Saints, de ceux du moins dont l'apologétique ou théologie fondamentale emprunte sans cesse les témoignages. Comment ! tous les jours nous répéterons, par exemple, que l'Evangile ne nous trompe pas, quand il affirme que Jésus-

Christ a fondé une religion, une Eglise, et nous serions incapables de prouver que les Evangiles sont *des livres* authentiques, intègres, véridiques! Qu'est-ce donc à la fin qu'une démonstration appuyée sur des faits que l'on ne sait pas prouver?

Or n'arrive-t-il pas parfois que l'on rencontre des prêtres qui ne sont pas en mesure de démontrer la valeur critique des Ecritures, et pourtant, quand ils prêchent ou catéchisent, ils ne peuvent guère ouvrir la bouche sans la supposer comme une des bases de leurs démonstrations.

Dieu me garde de faire de la déclamation contre l'état des études dans le clergé catholique! On n'en a déjà que trop fait ; et si j'avais à répondre aux insanités que débitent contre nous à propos des études bibliques les protestants d'outre-Manche et d'outre-Rhin, que répètent à leur tour de trop zélés confrères, il serait facile de montrer que, tout compte fait et tout bien considéré, la formation intellectuelle de nos prêtres vaut beaucoup mieux que celle de leurs pasteurs.

Dieu me garde pareillement, sous prétexte de fortifier nos études, d'étaler ici, sur une partie quelconque des sciences ecclésiastiques, un de ces programmes somptueux comme nous en avons tant vus, et dont le premier tort est d'être parfaitement inapplicables, parce qu'ils veulent imposer aux intelligences, même les meilleures, beaucoup plus qu'elles ne peuvent porter !

Mais, je le demande à mon bienveillant lecteur, est-ce là se montrer trop exigeant que de réclamer de tout prêtre assez de science théorique, pour être en état de prouver, d'une part, que les Ecritures tout entières sont la parole de Dieu, et que par conséquent toutes les affirmations authentiques de l'Ecriture sont des affirmations vraies, irréfragables ; et d'autre part que les livres dont nous nous servons dans la théologie fondamentale ou apologétique pour établir l'origine surnaturelle de la religion positive, la divinité du Christ, de la religion chrétienne et de l'Eglise, sont des livres parfaitement authentiques ; que les *Evangiles*, en particulier, et aussi les *Actes*, sont des livres bien certainement écrits par Mathieu, Marc, Luc, Jean ; que de soutenir le contraire, c'est une erreur tant historique que théologique ; et enfin que ces livres, ces *Evangiles* et ces *Actes* bien authentiques ont traversé les siècles et sont arrivés jusqu'à nous sans avoir subi d'altérations graves ?

Et pour donner une sanction à ce programme restreint de critique sacrée, je voudrais que les deux questions *de auctoritate divina* et *de auctoritate humana Scripturæ*, toutes les deux fissent partie intégrante du programme général d'études de nos aspirants au sacerdoce, de telle sorte que l'on ne pût espérer d'être ordonné prêtre, si l'on n'avait, à un moment ou à l'autre de sa préparation, pleinement satisfait ses examinateurs sur l'une et l'autre. Or, qui n'a rencontré dans sa vie des prêtres, arrivés au sacerdoce, et qui n'ont jamais su comment on démontre, sinon l'autorité divine des Ecritures, du moins l'autorité humaine des principaux livres du canon. Ces cas, me dira-t-on, sont assez rares. Souhaitons-le ; à mon avis pourtant, ils sont encore trop fréquents.

Mais s'il est grave d'ignorer des vérités aussi capitales, il est pis encore de les méconnaître ou de les abandonner pour perdues, sous prétexte de se concilier la faveur d'adversaires qui viendraient à nous, pense-t-on, si nous paraissions moins exigeants. Fadaise que tout cela ! L'autorité des Ecritures tant humaine que divine, non seulement n'est pas un obstacle à la reconnaissance de la vraie Eglise ; elle est, au contraire, un moyen sûr de la trouver ; et ceux qui contesteraient ce principe fondamental doivent se tenir pour assurés qu'ils sont en opposition avec la doctrine de l'Eglise et la pensée de Dieu.

TABLE DES MATIÈRES

Deux mots de préface. . . . , ... 5

CHAPITRE I

Position de la question. L'autorité humaine des Livres Saints et le « concessionisme. »

Définition générale du concessionisme. Sa réprobation
dans la Lettre de Léon XIII sur l'américanisme. Le
concessionisme actuel en matière d'Ecriture Sainte,
ou abandon de l'autorité humaine des Livres Saints
par un certain nombre d'écrivains contemporains . 7

CHAPITRE II

L'autorité humaine des Livres Saints est une des bases de la théologie.

L'autorité humaine des Livres Saints est une des bases
sur lesquelles tout repose en théologie ; car elle
sert à prouver : 1º l'autorité de l'Eglise ; 2º l'autorité de la Tradition divine ; 3º l'autorité *divine* des
Ecritures. On n'a donc pas le droit de dire que
l'autorité humaine des Ecritures n'a pas d'importance, qu'elle n'intéresse pas l'orthodoxie 21

CHAPITRE III

L'autorité humaine des Livres Saints prouvée par l'usage qu'on en fait dans l'Eglise.

L'Eglise ou les écrivains qui la représentent, ont recours dans leurs démonstrations apologétiques *par le fait éloigné* à l'autorité humaine des Livres Saints et la déclarent incontestable. Les théologiens, les orateurs chrétiens, le concile du Vatican, Léon XIII, défendent cette doctrine. Réfutation directe de ceux qui nient en particulier la valeur de la preuve du Magistère fondée sur la valeur purement humaine des Livres Saints 34

CHAPITRE IV

Vraie nature de l'authenticité ou autorité humaine.

Trois conditions sont nécessaires et suffisantes pour qu'un livre ait pleine autorité humaine : la science de l'auteur dans les matières où l'on fait appel à son témoignage, sa probité, la conservation ou intégrité substantielle de son texte. S'il est nécessaire ou du moins utile de connaître aussi le nom de l'auteur. Pourquoi l'Eglise ne peut se désintéresser des origines même simplement humaines des Ecritures. 43

CHAPITRE V

De combien de manières on peut prouver la valeur humaine ou autorité historique des Livres Saints.

S'il s'agit d'abord de l'intégrité du texte, on peut la prouver par une double méthode : la méthode historico-critique et la méthode d'autorité. Quant à la science et à la probité des écrivains sacrés, elles peuvent se démontrer soit indirectement, en la déduisant du fait de l'inspiration, soit directement par la méthode historique, en recourant aux témoignages de l'histoire ; de plus, quand la valeur humaine d'un livre se trouve affirmée par l'Ecriture ou par la Tradition divine, une troisième méthode de démonstration est possible : la méthode théologique. Dans ce dernier cas, l'autorité purement historique des Livres Saints peut acquérir même une certitude de foi.

certitude de foi 52

CHAPITRE VI

Conclusion.

Nécessité pour le prêtre de savoir démontrer nonseulement l'autorité divine de toutes les Ecritures, mais encore l'autorité humaine de ceux au moins des Livres sacrés qui sont à la base de l'Apologétique ou théologie fondamentale .

tique ou théologie fondamentale 57

FIN DE LA TABLE